Mein tierisches WITZE BUCH

arsEdition

Das Mückenkind kommt von seinem allerersten Flug ohne seine Mama zurück.
Fragt die Mutter: »Und, wie war denn dein erster Flug?«
Antwortet das Mückenkind: »Super: Überall, wo ich hingekommen bin, haben die Leute geklatscht!«

Geht ein Mann in eine Zoohandlung und sagt: »Ich suche einen Papagei, der singen kann.« Der Verkäufer antwortet strahlend: »Wir haben einen Papagei, der genau Ihren Wünschen entspricht. Sie müssen nur eine Sache beachten: Man muss ihm jeden Sonntag eine Feder vom Po rupfen, sonst kann er nicht mehr singen.« Der Mann kauft den Papagei. Der nächste Tag ist ein Sonntag und der Mann nimmt den Papagei mit in die Kirche. Singt der Pastor: »Ach wenn es doch jeden Tag Sonntag wär ...« Singt der Papagei zurück: »Dann hätte ich am Po keine Federn mehr!«

Das Mäusekind Nora sieht eine Fledermaus. »Papa«, ruft sie aufgeregt, »schau mal, ein Mäuseengel!«

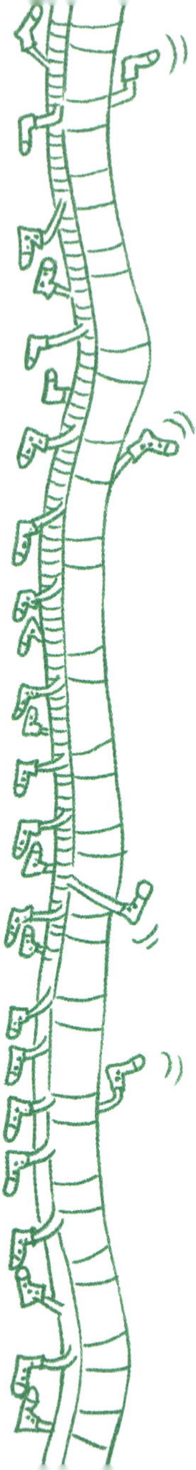

Hundert Tiere wollen auf die Arche Noah. Doch es geht sehr langsam voran. Da fragt das Kamel: »Wieso dauert das denn so lange?« Antwortet der Pelikan: »Noahs Frau möchte, dass wir Hausschuhe anziehen, und gerade sind die Tausendfüßler dran.«

Sagt ein Mäuschen zu seiner Mutter. »Mama, ich will so gerne ein Tausendfüßler sein.«
»Warum denn, mein Schatz?«, fragt die Mutter.
»Weil ich dann immer ganz viel zu Nikolaus bekomme, wenn ich meine Schuhe vor die Tür stelle.«
Meint die Mutter: »Bis du erst mal alle deine Schuhe geputzt hast, ist aber schon Frühling!«

Die Fischmutter schwimmt mit ihren Fischkindern im Meer an einem U-Boot vorbei. Die Fischkinder erschrecken sehr. »Keine Angst«, sagt die Mutter, »das sind nur Menschen in Dosen.«

»Eine Unverschämtheit!«, beschwert sich die Kakadu-Frau, »jetzt bin ich schon 30 Jahre alt, und Sie erlauben sich immer noch, Kakadu zu mir zu sagen. Bitte nennen Sie mich ab sofort Kakasie!«

Eine kleine Spinne trippelt ins Fundbüro und fragt aufgeregt: »Bitte, können Sie mir helfen, ich habe den Faden verloren!«

Ein Dromedar und ein Känguru tapsen in der Wüste herum. Sand und nichts als Sand, so weit das Auge reicht. Da lässt sich das Känguru erschöpft nieder. Ruft das Dromedar beleidigt: »Immer nimmst du den besten Platz!«

Der Spaziergänger fragt den Angler: »Und, beißen die Fische?«
Sagt der Angler: »Nein, wenn Sie wollen, können Sie sie ruhig streicheln.«

»Warum schlüpfen die Küken aus den Eiern?«, fragt Valentin?
»Na, ist doch klar«, meint Paula, »damit sie nicht mitgekocht werden!«

Ein Schwein und ein Pferd treffen sich im Meer beim Baden.
Sagt das Schwein: »Seepferdchen habe ich mir aber anders vorgestellt.«
Darauf das Pferd: »Und ich mir Meerschweinchen.«

Treffen sich zwei Spinnen. Sagt die eine: »Du, ich bin im Moment nicht erreichbar.«
»Wieso?«, fragt die andere.
»Ich habe zurzeit kein Netz.«

Zwei Zahnstocher laufen mühsam den Berg hoch. Da kommt ein Igel vorbei. »Guck mal«, ruft der eine Zahnstocher erfreut zum anderen, »wir können den Bus nehmen!«

Ein Igel geht die Straße entlang und sieht zwei Zahnstocher am Straßenrand liegen. Traurig schüttelt er den Kopf: »Also, wenn ich weiter so viele Stacheln verliere, habe ich wohl bald eine Glatze.«

Zwei Igel gehen die Straße entlang. Da sehen die beiden ein Auto mit platten Reifen. Jubelt der eine Igel: »Endlich hat mal einer von uns gewonnen!«

Zwei Fliegen krabbeln auf einem Globus herum. Als sie sich zum zweiten Mal begegnen, sagt die eine zur anderen: »Wie klein die Welt doch ist!«

Die Motten-Mama schimpft mit ihren Kindern: »Wenn ihr die alten Hausschuhe nicht aufesst, gibt es auch kein Abendkleid zum Nachtisch!«

»Ich habe es genau gesehen, du hast meinem Hund die Zunge rausgestreckt!«, beschwert sich Tim.
Meint Olja: »Stimmt, aber er hat angefangen.«

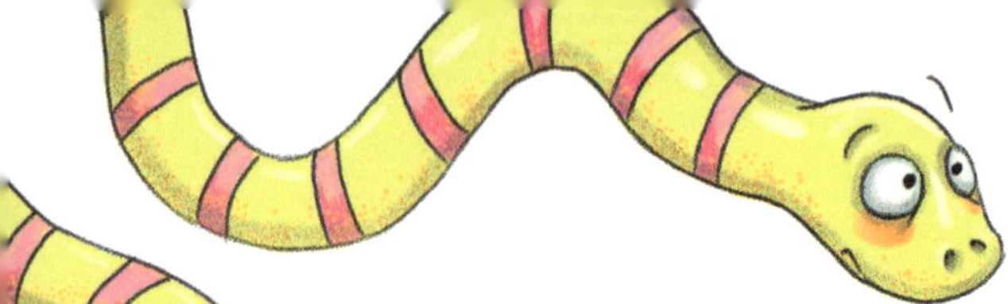

Sagt eine Schlange zur anderen:
»Du, weißt du, ob wir giftig sind?«
»Warum willst du das wissen?«, fragt die andere.
Antwortet die erste Schlange:
»Weil ich mir gerade auf die Zunge gebissen habe.«

Mama Schnecke bittet Papa Schnecke, einen Joghurt zu holen. Papa Schnecke kommt nach acht Stunden völlig erschöpft ohne Joghurt wieder und fragt: »Was wolltest du noch mal, Erdbeere oder Kirsche?«

Luise geht mit ihren Eltern in den Zoo. Vor dem Zebragehege sieht sie ein Schild: »Bitte nicht streicheln!« Direkt darunter hängt am Zaun ein Schild: »Vorsicht, frisch gestrichen.«
Sagt Luise: »Schade, ich dachte immer, die Streifen wären echt!«

Der junge Löwe jagt einen Touristen durch die Steppe. »Hör auf«, ruft da seine Mutter, »wie oft habe ich dir schon gesagt: Mit seinem Essen spielt man nicht.«

Bauer Larbig rät seinem Nachbarn: »Du solltest deinen Hahn schlachten, der schleicht immer so traurig in der Gegend rum.«
»Meinst du, dass er dann lustiger wird?«, entgegnet der Nachbar.

Selina trinkt zum ersten Mal saure Milch: »Pfui«, ruft sie, »ich glaube, die Kuh war noch nicht reif.«

Luise betritt eine Zoohandlung und will einen Papagei kaufen. Strahlt der Verkäufer: »Wir haben gerade neue Papageien bekommen, einer kann sogar Fremdsprachen.« Der Verkäufer zeigt Luise stolz den Papagei und erzählt: »Wenn du ihn am rechten Bein ziehst, spricht er Chinesisch, wenn du ihn am linken Bein ziehst, spricht er Japanisch.«
Fragt Luise: »Und wenn ich ihn an beiden Beinen ziehe?«
Antwortet der Papagei: »Dann fall ich auf den Hintern, du Dummkopf!«

Ein Mann betritt eine Zoohandlung und will einen Papagei kaufen. »Verstehen Sie denn etwas von Papageien?«, möchte der Verkäufer wissen.
»Na klar«, antwortet der Mann, »aber nur wenn sie langsam sprechen.«

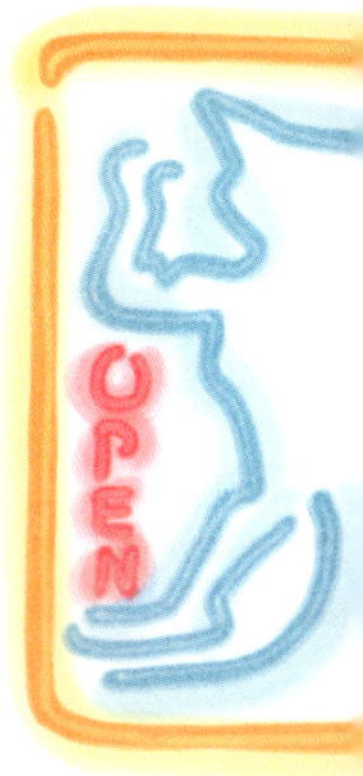

Zwei Katzen sitzen vorm Fitnessklub. Kommt eine Mieze vorbei und fragt die beiden: »Auf wen wartet ihr?« Antworten die Katzen: »Auf den Muskelkater.«

Ein Löwe sitzt am Straßenrand.
Kommt ein Ritter in voller Rüstung die Straße entlanggeritten.
Denkt sich der Löwe: »Mist, schon wieder Dosenfutter!«

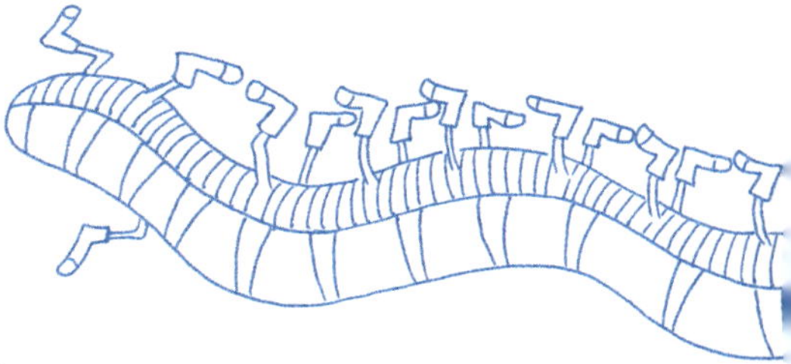

Zwei Ameisen müssen ein Klavier in den zehnten Stock tragen. Da sagt eine Ameise plötzlich: »Ich habe eine gute und eine schlechte Nachricht. Zuerst die gute Nachricht: Wir sind im zehnten Stock. Die schlechte Nachricht ist: Wir sind im falschen Haus.«

Siham geht auf eine Restaurant-Toilette. Dort hört sie eine Mücke rufen: »Ich bin über dir und brauche Blut von dir.« Siham ruft zurück: »Ich bin unter dir und brauche Klopapier!«

Warum schämt sich das Ferkel?

Weil seine Mutter eine Sau ist.

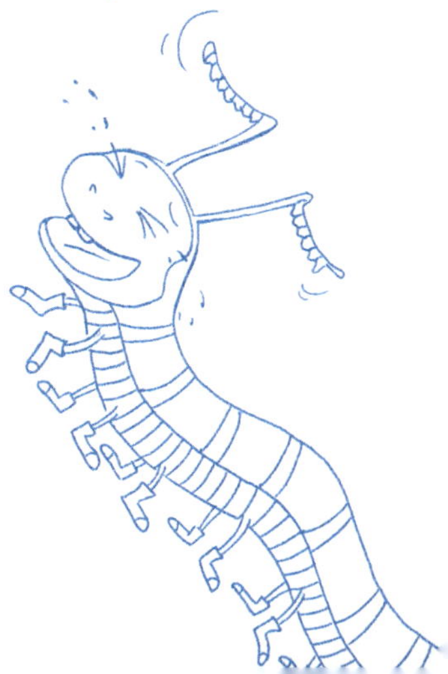

Zwei Pferde stehen vor einer Pferdebox. Sagt das eine: »Morgen früh stehe ich extra früh auf und schreibe an deine Tür ›Du bist ein dummer Esel.‹« Antwortet das andere: »Dann stehe ich noch viel früher auf und wische es wieder weg!«

Der Hahn kommt mit einem Straußenei auf den Hühnerhof. »Alle Hennen mal herkommen!«, ruft er und zeigt vorwurfsvoll auf das Straußenei. »Ich will ja nicht meckern, aber schaut euch bitte mal an, was die Konkurrenz so zustande bringt.«

Zwei Hunde treffen sich.
Bellt der eine: »Wuff.«
Antwortet der andere: »Kikeriki.«
Fragt der erste:
»Was ist mit dir los?«
Sagt der andere: »Heutzutage muss man Fremdsprachen können!«

Sagt ein Kamel zu einer Kuh:
»Wollen wir nicht eine Milchbar aufmachen?
Du gibst die Milch und ich habe die Hocker.«

»Meine Mutter reitet aus Schlankheitsgründen.«
»Und hilft's?«
»Ja, das Pferd hat schon zehn Kilo abgenommen.«

Zwei Pferde treffen sich im Zoo.
Das eine sagt zu dem anderen:
»Unerhört, es ist schon fast 15.00 Uhr und das Zebra da drüben ist immer noch im Schlafanzug.«

»Hannah, was tust du, wenn du mitten im Urlaub plötzlich einer Schlange begegnest?«
»Ist doch klar, ich stell mich hinten an.«

Geht eine schwangere Stute bei Regen zum Arzt. Sagt der Arzt: »Ihr Fohlen ist unterwegs.« Antwortet die Stute: »Mist, bei diesem Wetter!«

Warum kann man Mäuse nicht melken?

Weil der Eimer nicht darunterpasst.

Fragt Fernando: »Was ist ein Tier mit einem Bein?« Antwortet Valentin: »Ein halbes Hähnchen.«

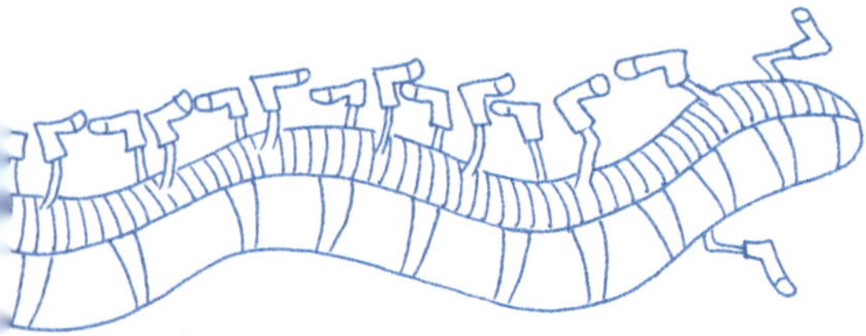

Ein Vogelpaar sitzt im Baum und sieht zu, wie eine Schildkröte einen Baum hochkriecht und versucht zu fliegen. Das gelingt ihr aber nicht. Sie fällt immer wieder runter und versucht es dann noch einmal. Da sagt das Vogelweibchen zu seinem Mann: »Schatz, ich glaube, wir müssen Paula endlich sagen, dass sie adoptiert wurde!«

»Der Zoobesuch fängt ja schon super an«, sagt Kim zu Charlotta.
»Wie meinst du das?«
»Da steht eine Schlange vor der Kasse!«

Fragt das Dinobaby: »Mama, komme ich in den Himmel oder in die Hölle, wenn ich tot bin?«
Antwortet die Dinomutter: »Keins von beiden, mein Schatz, du kommst ins Museum.«

Zwei Regenwurmfrauen treffen sich im Beet. »Wo ist eigentlich Ihr Mann?«, will die eine wissen, »den habe ich schon so lange nicht mehr gesehen.«
»Ach«, stöhnt die andere, »ich fürchte, der ist beim Angeln.«

Olja bringt ihren Papagei in die Zoohandlung zurück.
»Ich möchte Rico umtauschen, er erzählt ständig blöde Witze.«
»Und das stört dich?«, will der Zoohändler wissen.
»Nein, aber ich kenne sie jetzt alle«, meint Olja.

Ein Einbrecher bricht in eine Villa ein. Plötzlich hört er eine Stimme, die sagt: »Jesus und ich können dich sehen.«
Da fragt der Einbrecher: »Wer bist du?«
»Herbert!«, kommt die Antwort.
Erleichtert erwidert der Einbrecher: »Das ist aber ein blöder Name für einen Papagei.«
Darauf sagt der Papagei: »Jesus ist aber auch ein bekloppter Name für einen Kampfhund.«

Ein Elefant geht mit seiner Freundin, der Maus, ins Kino. Sie suchen sich einen Film aus und lesen auf einem Schild über der Kasse: Programm 6 €. Da sagt der Elefant: »Nee, ehrlich, das ist mir zu teuer, die wollen pro Gramm 6 € haben.«

Ein Känguru kommt in den Zoo und wird in einen Käfig gebracht. Am ersten Tag bricht es aus. Es wird wieder eingefangen und das Gitter wird erhöht. So geht es fünf Tage lang. Am sechsten Tag fragt das Känguru seinen Käfignachbarn: »Wann merken die eigentlich endlich, dass die Tür auf ist?«

Läuft ein Reh durch den Wald und trifft einen fürchterlich heulenden Hasen. »Was hast du denn?«, fragt es. »Der Bär hat gefragt, ob ich fussle, da habe ich Nein gesagt, und dann hat er mich einfach als Klopapier benutzt!«, schnieft der Hase. Am nächsten Tag sieht das Reh den Hasen an der gleichen Stelle, aber jetzt lacht der Hase sich ins Fäustchen. Erkundigt sich das Reh, warum der Hase so doll lacht. »Heute hat der Bär den Igel gefragt!«, antwortet der Hase.

Treffen sich zwei Holzwürmer. Sagt der eine stolz zum anderen: »Mein Sohn arbeitet jetzt in der Bank!«

Warum haben Elefanten so runzlige Haut?

Weil sie sich so schlecht bügeln lassen.

Zwei Kühe unterhalten sich über eine dritte Kuh. »Sag mal, warum ist denn die Erna so mager worden?« »Weil sie abergläubisch ist. Sie frisst nur noch vierblättrigen Klee!«

Nachdem der Hai den Windsurfer aufgefressen hat, sagt er: »Prima Futter. Direkt mit Serviette und Frühstücksbrett!«

Eine Frau wohnt im vierten Stock. Am Morgen geht sie zu ihrem Blumenkasten, findet eine Schnecke und wirft sie runter. Nach zwei Jahren klingelt es an ihrer Tür. Die Frau macht auf und auf dem Boden hockt die Schnecke und schreit: »Was war das denn eben?«

Sagt der Walfisch zum Thunfisch: »Was soll ich tun, Fisch?« Sagt der Thunfisch zum Walfisch: »Du hast die Wahl, Fisch.«

Der Affe sitzt auf einem Baum. Kommt der Papagei und fragt: »Hallo, Affe, was machst du denn so?« »Ach, ich sitze hier rum und warte auf den Tiger. Und wenn der kommt, haue ich ihm kräftig eine aufs Maul.«
Kommt die Schlange und fragt den Affen: »Hallo, Affe, was machst du denn so?« »Ich sitze hier rum und warte auf den Tiger. Und wenn der kommt, haue ich ihm kräftig eine aufs Maul.«
Kommt der Tiger und fragt: »Hallo, Affe, was machst du denn so?« »Ich sitze hier so rum und klopfe dumme Sprüche.«

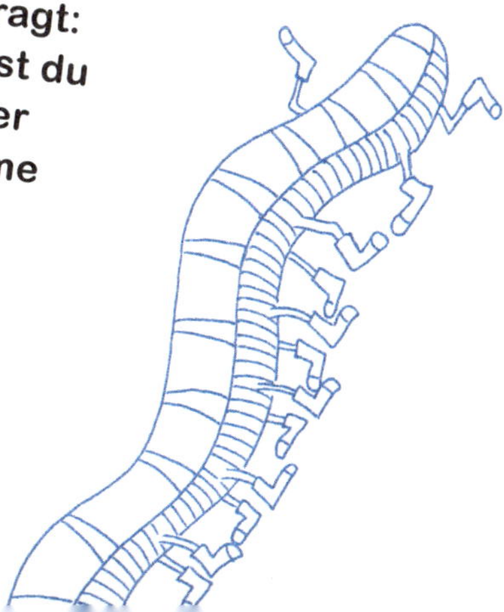

Für die Holzwurmkinder ist es Zeit, schlafen zu gehen. Ruft die Mutter laut: »Husch, husch, ab ins Brettchen!«

Sagt das Huhn zu dem Schwein: »Wir könnten eine Frühstücks-Firma gründen.«
»Und wer liefert was?«, fragt das Schwein.
Antwortet das Huhn: »Na, ich die Eier und du den Speck!«

Zwei schwer beladene Pferde gehen durch die Wüste. Eines trägt ein Fenster auf dem Rücken. Sagt das Pferd mit dem Fenster auf dem Rücken: »Mir ist so heiß!«
Sagt das andere: »Dann mach doch das Fenster auf!«

Ein Bär rennt durch den Wald und schreit dauernd: »Kugel, Kugel, Kugel!«
Fragt ein anderer Bär: »Warum schreist du laufend ›Kugel‹?«
Antwortet er: »Ich bin ein Kugelschreibär.«

Oljas Mutter sagt: »Olja, wechsle bitte das Wasser im Aquarium!«
Darauf Olja: »Aber die Fische haben das alte Wasser noch nicht fertig getrunken.«

Ein Pinguinkind sitzt in Australien im Beutel einer Kängurumutter und wimmert: »Blöde Schaukelei! Ist mir übel!« Tausende Kilometer entfernt, am Südpol, sitzt ein Kängurukind auf einer Eisscholle und jammert: »Ist mir kalt! Blöder Schüleraustausch.«

Ein Pferd steht auf einer Weide.
Am Zaun hängt ein Schild:
»Bitte das Pferd nicht füttern!
Der Besitzer.«
Darunter klebt ein kleiner Zettel:
»Bitte das Schild nicht beachten!
Das Pferd.«

Ein Esel trifft ein weinendes Schwein. »Warum weinst du?«, fragt der Esel. »Wie soll ich nicht weinen«, sagt das Schwein, »wenn die Menschen schimpfen, benutzen sie fortwährend meinen Namen. Hat irgendjemand gelogen, sagen sie: ›Er ist ein Schwein.‹ Hat jemand einen anderen betrogen, sagen sie: ›Er ist ein Schwein.‹ Hinterlässt jemand Schmutz und Unordnung, sagen sie: ›Er ist ein Schwein!‹« Erwidert der Esel mitfühlend: »Ja, das ist wirklich eine Schweinerei.«

Treffen sich zwei Eintagsfliegen. Fragt die eine die andere: »Und, was machst du denn morgen?«

Treffen sich zwei Hunde auf der Straße. Sagt der eine: »Hallo, ich heiße Bello vom Bellstein! Hast du auch so einen edlen Namen?«
Sagt der andere: »Selbstverständlich, ich heiße Runter vom Sofa.«

Zwei Pferde laufen an der Bahnschiene entlang. Beschwert sich das eine: »Ich habe Hunger.« Sagt das andere: »Friss doch die Schiene.«
»Die ist zu hart.«
»Dann warte noch – da hinten kommt eine Weiche.«

Eine Ameise wird auf der Wiese unter einem Pferdeapfel begraben. Nach einigen Stunden hat sie sich freigearbeitet, taucht auf und meint: »Frechheit! Auch noch mitten aufs Auge!«

15 Entenküken gehen ins Kino. Da trippelt noch ein Küken vorbei. Rufen alle 15 wie aus einem Schnabel: »Hey du, komm doch zu uns, der Film ist erst ab 16!«

Wie viele Beine hat ein Pferd?
4!
Falsch! 12!
Vorne 2, hinten 2, rechts 2,
links 2 und eins an jeder Ecke.

Ein Vogel fliegt über einer Autobahn. Da kommt ihm ein Auto entgegen und er klatscht an die Fensterscheibe. Der Autofahrer pflegt ihn in einem Käfig gesund. Wacht der Vogel auf und sagt: »Oje, jetzt bin ich im Gefängnis, wahrscheinlich ist das Auto tot.«

»Warum bist du auf diese Schnecke getreten, Tim?«
»Ich habe sie nicht gesehen. Sie kam von hinten und hat mich überholt!«

Fliegt eine Fliege haarscharf an einem Spinnennetz vorbei. »Mist!«, ruft die Spinne, »aber morgen erwische ich dich!« »Geht nicht«, ruft die Fliege zurück, »ich bin eine Eintagsfliege.«

Herr Holzwurm kommt nach Hause und ruft die ganze Familie zusammen: »Kommt schnell, ein Schiff mit einer Holzladung ist gerade aus Hongkong eingetroffen, wollen wir chinesisch essen gehen?«

Zwei Frösche sitzen am Ufer. Sagt der eine: »Oh nein, es fängt an zu regnen! Schnell, springen wir ins Wasser, sonst werden wir noch nass!«

Die Katze klettert auf den Schoß von Ida. Ida streichelt sie und das Tier beginnt zu schnurren. Erschrocken ruft Ida: »Mami, wo stellt man den Motor ab?«

Zwei Pinguine betrachten am Südpol das Thermometer. Meint der eine: »Schau mal, 34 Grad unter null! Vielleicht bekommen wir heute Hitzefrei.«

Zwei Hunde sind in der Wüste. Sagt der eine zum anderen: »Jetzt weiß ich endlich, warum Hunde in der Wüste so schnell rennen!«
Fragt der andere: »Wieso denn?«
Sagt der eine: »Na, ist doch klar, weil die Bäume so weit auseinanderstehen!«

Zwei Pudel stehen vor der Metzgertür.
»Kommst du mit rein?«, fragt der eine.
»Aber hier steht doch
›Für Hunde verboten!‹.«
»Aber woher sollen die denn wissen, dass wir lesen können?«

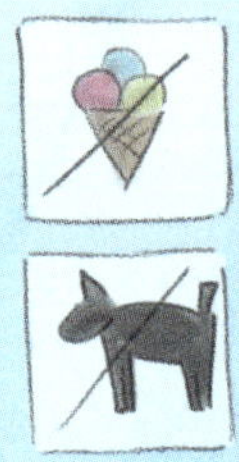

Gehen eine Maus und ein Elefant über eine Hängebrücke. Fragt der Elefant: »Warum wackelt denn die Brücke so?« Sagt die Maus: »Ich habe heute meine schweren Stiefel an.«

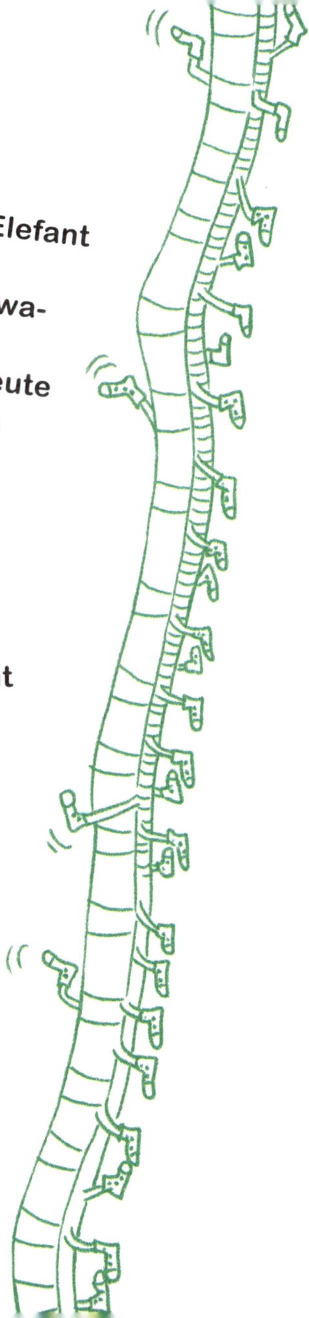

Ein Elefant läuft durch einen Ameisenhaufen. Erst herrscht totale Aufregung. Dann beschließen die Ameisen, sich zu rächen, und klettern auf den Elefanten. Der schüttelt sich, und alle fallen herunter bis auf eine, der es gelungen ist, sich am Hals festzuklammern. Rufen die Ameisen von unten: »Egon, würg ihn, Egon, würg ihn!«

Nabila sagt zu Jana: »Schau mal, da fliegt ein Zitronenfalter!«
»Quatsch. Zitronenfalter sind gelb, und dieser Schmetterling ist doch grün«, sagt Jana.
»Na, dann ist der Zitronenfalter eben noch nicht ganz reif!«

Treffen sich zwei Holzwürmer im Käse. Seufzt der eine: »Auch Probleme mit den Zähnen?«

Ein Elefant und eine Maus spielen Fußball. Im Eifer des Gefechts tritt der Elefant auf die Maus. Bestürzt sagt er zu der Maus, die sich mühsam wieder aus der Erde arbeitet: »Entschuldigung! Verzeihst du mir?« Darauf die Maus: »Aber natürlich. Das hätte mir doch auch passieren können.«

Treffen sich zwei Karpfen. Fragt der eine: »Was machst du heute Nachmittag?«
Antwortet der andere: »Ich glaube, ich gehe schwimmen!«

Ein Wachhund zum anderen: »Hörst du nichts?« »Doch.« »Warum bellst du dann nicht?« »Na, dann höre ich doch nichts!«

Zwei Fliegen treffen sich zum Mittagessen auf einem Pferdeapfel. Sagt die eine: »Ich weiß einen tollen Witz!«
Darauf die andere: »Aber bitte keinen unappetitlichen beim Essen.«

Zwei Ameisen gehen spazieren. Treffen sie einen Elefanten. Fragt die eine Ameise: »Wollen wir kämpfen?«
Antwortet der Elefant: »Nein, zwei gegen einen ist unfair!«

Ein Elefant und eine Maus gehen spazieren. Fragt die Maus: »Darf ich unter dir laufen? Mir ist so heiß.«
Der Elefant: »Okay, aber nur wenn wir uns abwechseln.«

Treffen sich zwei Mäuse. Sagt die eine: »Ich bin ja so verliebt!«
Fragt die andere: »Hast du ein Foto von ihm dabei?«
Holt die erste ein Bild heraus und zeigt es ihrer Freundin. Diese schreit entsetzt auf:
»Das ist ja eine Fledermaus!«
»Ach herrje, und zu mir hat er gesagt, er ist Pilot.«

Die Heringsmutter rät ihrem Jüngsten: »Schwimm immer gerade, mein Kleiner, sonst wirst du später ein Rollmops!«

Die ängstliche Fledermaus fragt im Schloss einen Hund: »Und du bist dir sicher, dass es hier keine Gespenster gibt?!«
»Klar! Ich wache hier schon seit 500 Jahren und habe hier noch nie ein Gespenst gesehen!«

Sagt ein Pferd zum anderen:
»Ich habe das Schuften satt!«
»Dann schreib doch an den Tierschutzverein!«
»Bist du verrückt? Wenn der Bauer merkt, dass ich schreiben kann, muss ich auch noch seinen Bürokram machen!«

Kommt ein Huhn in einen Lebensmittelladen:
»Drei Eierkartons, bitte. Wir wollen verreisen und die Kinder mitnehmen.«

Was sitzt im Wald auf einem Baum und ruft »Aha«?

Eine Eule mit Sprachfehler!

Was bestellt ein Hase im Restaurant?

Ein Jägerschnitzel

»Sie sind entlassen!«, schreit der Zoodirektor. »Sie haben den Löwenkäfig offen gelassen!«
»Was regen Sie sich denn so auf«, antwortet der Pfleger. »Wer stiehlt schon einen Löwen?«

Welche Tiere wurden nicht mit in die Arche Noah genommen?

Die Fische

Ein Frosch mit Verbänden läuft am Rand des Tümpels vorbei.
Fragt die Kröte: »Was ist dir denn passiert?«
Antwortet der Frosch: »Ich habe meine Brille vergessen und habe einen Knallfrosch geküsst!«

Ein Kuckuck fällt ins Wasser.
Sagt der Hai: »Kuckuck!«
Sagt der Kuckuck: »Hai!«

Einige Hennen drücken sich beim Schaufensterbummel fast die Schnäbel platt. »Was gibt's denn da so Interessantes?«, fragt der Hahn und schaut in das Schaufenster mit den vielen verschiedenen Eierbechern.
Sagt ein Huhn ganz begeistert: »Anton, schau nur, was die hier für eine fantastische Auswahl schöner Kinderbetten haben!«

»Selina, wie heißt dieser Pinguin, der da im Film von Eisscholle zu Eisscholle springt?«
»Springuin, ist doch logisch!«

Zwei Faultiere hängen im Baum.
Nach zwei Monaten gähnt das eine.
Da sagt das andere: »Du machst
mich ganz nervös mit deiner Hektik!«

Ein Bauer verkauft seinem Nachbarn ein
Pferd. Am nächsten Morgen kommt der
Nachbar und beschwert sich: »Du hast
mir gestern das Pferd verkauft und heute
liegt es mausetot im Stall.«
Antwortet der Bauer: »Komisch, das hat
es bei mir noch nie gemacht.«

»Unser Hahn wird immer fauler«,
meint der Bauer zur Bäuerin.
»Wieso das?«
»Wenn der Hahn vom Nachbarn
morgens kräht, nickt unserer nur
mit dem Kopf.«

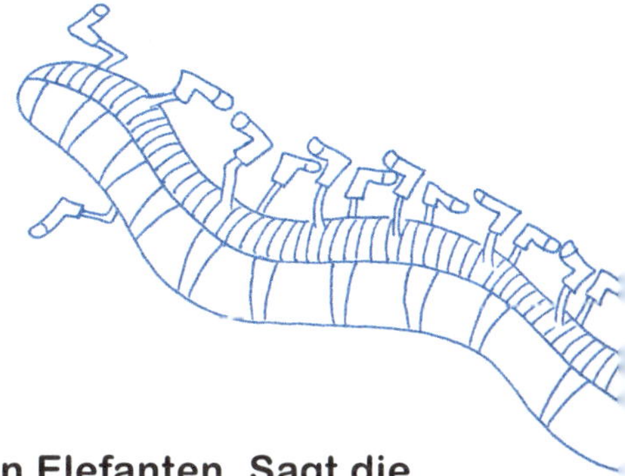

Zwei Mäuse treffen einen Elefanten. Sagt die erste Maus zur zweiten: »Du, den braten wir uns. Ich hole schnell Feuerholz und du bewachst ihn!« Nach einer Weile kommt die erste Maus mit dem Feuerholz zurück. Der Elefant ist weg. Fragt die erste Maus: »Wo ist denn der Elefant hin?« Darauf die zweite Maus: »Der ist mir abgehauen!« Die erste Maus: »Erzähl mir doch nichts, du kaust ja noch!«

Zwei Mäuse sitzen vor einer Käseglocke. »Schau«, sagt die eine, »ein Käse in der Falle!«

Sitzen drei Mäuse an der Theke und geben an.
Sagt die erste Maus: »Ich habe am Montag eine Mausefalle gesehen, da habe ich den Bügel hochgehalten und mir das Stück Käse rausgenommen, habe den Bügel runterfallen lassen und mir ist nichts passiert!«
Sagt die zweite Maus: »Ach, das ist ja gar nichts! Ich habe am Mittwoch eine Rattenfalle gesehen. Da war ein großes Stück Speck drin. Da habe ich den Bügel hochgehalten, den Speck rausgenommen. Dann habe ich die Rattenfalle zerbrochen und in die Ecke geworfen.«
Ruft die dritte Maus: »Kellner, bitte zahlen!«
Da sagen die anderen beiden Mäuse: »Hey, du musst uns auch noch etwas erzählen!«
»Tut mir leid. Ich habe keine Zeit, ich muss nach Hause und die Katze verkloppen!«

Eine Frau kommt in eine Tierhandlung. Sie sieht einen Papagei und fragt: »Hallo, dummer Vogel, kannst du auch sprechen?« Sagt der Papagei: »Na klar! Und du, dumme Pute, kannst du auch fliegen?«

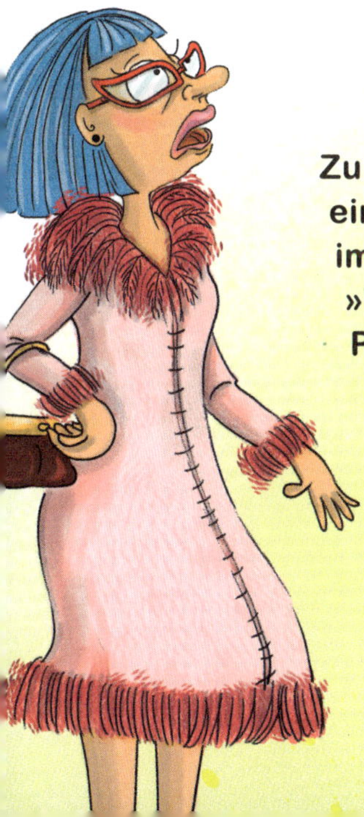

Zu einem Psychiater kommt eine Frau mit einem Papagei im Käfig.
»Was soll das!«, fragt der Psychiater ärgerlich, »ich bin doch kein Tierarzt.«
»Wieso Tierarzt? Ich bringe Ihnen hier meinen Mann. Bitte helfen Sie ihm, er bildet sich ein, er sei ein Papagei.«

Geht ein Küken spazieren und trifft ein ihm unbekanntes anderes Tier. Fragt es: »Welches Tier bist denn du?«
Das andere: »Ich bin ein Wolfshund, mein Vater ist ein Wolf und meine Mutter ist ein Hund.«
Verwundert geht das Küken weiter und begegnet noch einem unbekannten Tier: »Was bist du denn für ein Tier?«
»Ich bin ein Muli, mein Vater ist ein Esel und meine Mutter ist ein Pferd.«
Verwirrt geht das Küken weiter und trifft ein komisches Tier. Fragt es: »Und was für ein Tier bist du?«
»Ich bin ein Ameisenbär.«
»Nee, das kannst du mir aber jetzt nicht erzählen!«

Zwei Glühwürmchen treffen sich im Park.
»Wo willst du denn hin?«, fragt das eine.
»Zum Augenarzt«, erwidert das andere.
»Was hast du denn mit den Augen?«
»Sie werden immer schwächer. Stell dir vor: Gestern habe ich aus Versehen eine brennende Zigarette geküsst!«

Treffen sich zwei Gänse.
Fragt die eine:
»Und, was machst du denn so an Weihnachten?«
Sagt die andere: »Ach, ich glaube, ich guck in die Röhre.«

Warum fahren
Elefanten kein Fahrrad?

Weil sie keinen Daumen zum
Klingeln haben.

Ein kleines Mädchen kommt in die Zoohandlung. Sie lächelt den Zoohändler an und sagt: »Ich möchte gern ein Kaninchen haben.«
Sagt der Zoohändler: »Möchtest du dieses kleine, süße, braune mit den großen Augen oder dieses weiße mit den Schlappohren?«
»Ich denke, das ist meiner Schlange egal.«

Welcher Mops
kann nicht bellen?

Der Rollmops

Welchen Stern findet man nicht am Himmel?

Den Seestern

»Mein Pferd will jetzt Astronaut werden«, erzählt ein Bauer dem anderen. »Wieso denn?« »Es will unbedingt mal den großen Wagen ziehen!«

Der Löwe streift durch die Steppe und brüllt eine Gazelle an: »Wer ist hier der König?«
»Du natürlich, edler Löwe«, sagt die Gazelle ängstlich.
Dann trifft er die Giraffe: »Wer ist hier der König?«
Die Giraffe blickt hinunter und sagt vorsichtig: »Du bist der König, starker Löwe.«
Kurz darauf begegnet er dem Elefanten und faucht ihn an: »Wer ist hier der König?«
Der Elefant packt ihn mit dem Rüssel und wirft ihn ins nächste Gebüsch.
Der Löwe rappelt sich auf und murmelt: »Man wird doch wohl noch fragen dürfen.«

»Papa, unser Lehrer sagt, wir stammen von den Affen ab.«
»Ich nicht. Du vielleicht!«

Die neue Verordnung verlangt, dass alles Nutzvieh gestempelt wird. Nach einiger Zeit hakt ein Reporter beim Bauern nach, ob die Kennzeichnung seines Nutzviehs ohne Verzögerung vonstattengegangen sei. »Ach«, sagt der Bauer erschöpft, »die Schweine und Rinder zu stempeln, war ja recht einfach. Aber die Honigbienen …«

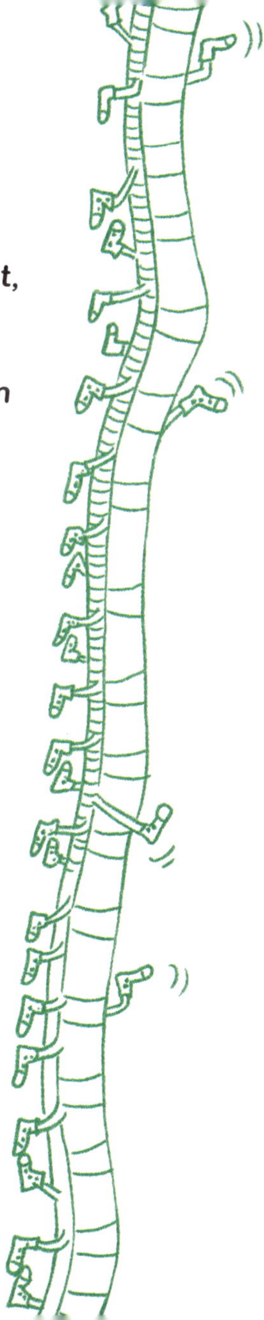

Im Zoo schneiden die Besucher vor dem Affenkäfig allerhand Grimassen, um die Aufmerksamkeit der Affen zu erregen. Sagt der Affe zu seinem Sohn: »Ist doch gut, dass die alle hinter Gittern sind!«

Ein Elefant liegt in der Badewanne. Kommt die Maus und sagt: »Komm doch bitte mal ganz schnell aus der Badewanne.« Der Elefant steigt aus der Wanne und fragt die Maus: »Was soll das denn?« Antwortet die Maus: »Nichts für ungut, wollte nur mal schauen, ob du meine Badehose ausgeliehen hast, ohne zu fragen.«

Was kommt eigentlich heraus, wenn man eine Taube mit einem Papagei kreuzt?

Ein Vogel, der während des Fluges nach dem Weg fragen kann.

Ein Pferd trabt in eine Kneipe, stellt sich an die Bar und bestellt einen Cocktail. »Was bin ich Ihnen schuldig?«, fragt es den Barkeeper, als es ausgetrunken hat. Völlig verwundert stottert der: »11 Euro.« Kopfschüttelnd fährt er fort: »Das ist wirklich das allererste Mal, dass ich ein Pferd bedient habe.« Antwortet das Pferd: »Bei den Preisen, die Sie hier haben, wird das auch bestimmt das letzte Mal sein.«

Eine Maus sitzt im Kino. Kaum hat der Film begonnen, setzt sich ein Elefant vor die Maus. Sie wird wütend.
Nach einer Weile steht sie auf, setzt sich auf den freien Platz vor dem Elefanten, dreht sich um und zischt: »So, nun siehst du mal, wie das ist, wenn sich jemand direkt vor dich setzt!«

Ein Elefant sieht zu seinen Füßen eine Maus. Er lacht schallend und ruft: »Hohoho! So ein kleines Ding – ist es denn die Möglichkeit!?«
Murmelt die Maus verlegen:
»Ich war aber auch lange krank.«

Warum trinken Mäuse keinen Schnaps?

Weil sie Angst vor dem Kater haben.

Vor dem Schimpansenkäfig.

»Du, Papa, was ist eigentlich der Unterschied zwischen diesen Affen und uns Menschen? Augen, Nase, Ohren, Mund, Hände, Füße – alles ist fast genauso wie bei uns.«

»Es ist die Sprache, Malek, sie können nicht so sprechen wie wir. Schau, wenn der Schimpanse da jetzt aufstehen und sagen würde: ›Ich bin ein Schimpanse‹ – dann wäre er ein Mensch.«

Was ist grün, glücklich und hüpft von Grashalm zu Grashalm?

Eine Freuschrecke

Wie nennt man einen Hund in der Wüste?

Hotdog

Ein Boxer kommt die Straße entlang und sieht, wie aus einem Erdgeschossfenster eine Pudeldame herausschaut. Er bleibt interessiert stehen und sagt schmeichelnd: »Komm doch ein bisschen heraus!«
»Das geht nicht, die Türen sind abgeschlossen.«
»Aber dann spring doch ein-fach!«
»Bist du verrückt? Dass ich auf die Schnauze falle und so aus-sehe wie du?«

Wie spricht man am besten mit einem angriffslustigen Nilkrokodil?

Per Telefon

In der U-Bahn informiert ein Schild:
»Auf der Rolltreppe müssen Hunde getragen werden.« Stöhnt Herr Halinde genervt: »Wo soll ich denn jetzt auf die Schnelle einen Hund herkriegen?«

Zwei Raupen sonnen sich und blicken einem Schmetterling nach.
»Erstaunlich, nicht wahr?«, sagt die eine.
»Mag sein«, gibt die andere zu, »aber keine zehn Pferde kriegen mich je in so ein Ding da oben!«

Fernando sitzt mit seinem Hund Hasso vor dem Fernseher und sieht sich einen Western an. Nach einer Weile sagt er: »Kaum zu glauben, Hasso, der blöde Cowboy spricht mit seinem Pferd.«

Die Lehrerin beschwert sich: »Ihr Sohn hat ›alte Kuh‹ zu mir gesagt.«
»Das tut mir schrecklich leid! Dabei habe ich ihm hundertmal gesagt, dass er die Leute nicht nach ihrem Äußeren beurteilen soll.«

»Hannah, was macht wohl der Storch, wenn er auf einem Bein steht?«
»Ich glaube, er überlegt sich den nächsten Schritt.«

Eine Riesenschlange und ein Kaninchen sitzen im Restaurant. Kommt der Kellner, um die Essensbestellung aufzunehmen. Das Kaninchen bestellt zarte junge Möhren.
»Und was darf ich Ihnen bringen?«, wendet sich der Kellner an die Schlange.
Sagt das Kaninchen: »Ich bitte Sie, wenn sie nicht schon gegessen hätte, säßen wir jetzt nicht hier.«

Zwei Schlangenkinder machen einen Ringkampf. Plötzlich hört das eine auf und ruft empört: »Mama, Zoe schummelt, Seemannsknoten gilt nicht!«

Warum sind Elefanten eigentlich so groß und schwer?
»Damit wir sie nicht klauen können«, sagt der Spatz.

Ein Mann hält mit seinem Auto an der Grenzkontrolle. Auf seiner Schulter sitzt ein Papagei. Sagt der Grenzbeamte: »Den Papagei müssen Sie aber verzollen.«
Fragt der Mann: »Was kostet das denn?«
Der Beamte blättert in seinem Verzeichnis: »Papageien lebend, 120 Euro, ausgestopft, 20 Euro.« Krächzt der Papagei: »Jürgen, mach jetzt keinen Blödsinn!«

»Und, Janiro, was macht dein kranker Goldfisch?«
»Danke, dass du fragst, Ida, er ist schon wieder auf den Beinen.«

Besorgt betrachtet der Affenvater das neugeborene Affenbaby. »Mach dir nicht zu viele Sorgen«, beruhigt ihn die Affenmutter, »das wird schon. Alle unsere Babys sahen erst mal aus wie Menschen.«

Ein ängstlicher Badegast fragt Malek: »Sag mal, gibt es hier Quallen, Seeigel oder Krebse?«
»Keine Sorge«, beruhigt Malek ihn, »die werden hier alle von den Haien gefressen.«

Fragt ein Bauer den anderen erstaunt: »Wo hast du dir denn ein blaues Auge geholt?«
»Ach, die Berta hat beim Melken immer so mit dem Schwanz geschlagen. Da habe ich ihr einen Ziegelstein drangebunden.«

»Und, Nabila, lässt euer Dackel Fremde an sich heran?«
»Na klar, wie soll er denn sonst zubeißen?«

Beim Tierschutzverein klingelt das Telefon: »Hallo, bitte kommen Sie schnell«, sagt ein Mann, »auf dem Baum in meinem Vorgarten sitzt ein unverschämter Briefträger und bedroht meinen Rottweiler!«

Vor dem Löwenkäfig bleibt die Schulklasse stehen.
»Frau Baumanns, warum hat der Löwe so einen dicken Kopf?«
»Na, was meinst du denn, Charlotta?«, fragt die Lehrerin.
»Damit der nicht durchs Gitter passt.«

Zwei Freunde wandern durch die amerikanischen Berge. Plötzlich steht ihnen ein riesiger Grizzly-Bär gegenüber. Blitzschnell zieht der eine seine Wanderstiefel aus, holt Turnschuhe aus dem Rucksack und zieht sie an. »Wieso ziehst du Turnschuhe an?«, fragt der andere, »der Bär ist sowieso schneller als du.« »Der Bär ist mir egal, Hauptsache, ich bin schneller als du.«

Fernando besucht Yasin und sieht in dessen Haus eine Eule, einen Papagei und einen Hund. Er sagt: »Eine komische Auswahl an Haustieren hast du.«
»Die Auswahl ist ganz in Ordnung«, erwidert Yasin, »du siehst ja, wir wohnen hier einsam. Wenn Einbrecher kommen, sieht sie die Eule, die weckt den Papagei, und der sagt dem Hund, dass er bellen soll.«

»Papa«, schluchzt das Glühwürmchen, »der Lehrer hat gesagt, dass ich nie eine große Leuchte werde!«

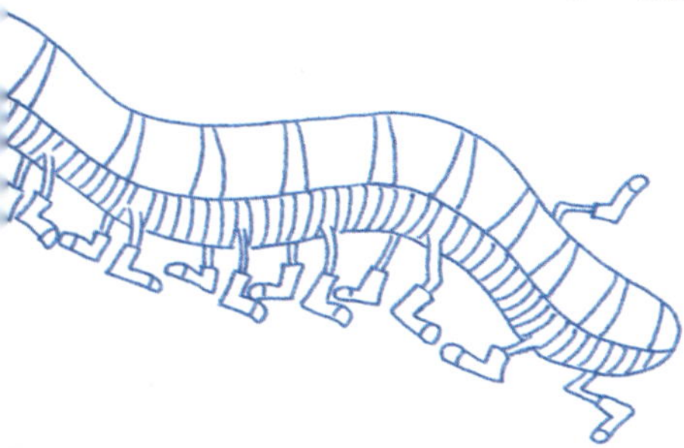

Welche Enten sind besonders schlau?

Die Studenten

Das Eisbärkind fragt die Eisbärmutter:
»Mami, waren alle meine Vorfahren Eisbären?«
»Ja, mein Kind.«
»Meine Oma auch?«
»Ja, natürlich.«
»Und dein Opa auch?«
»Ja, der auch.«
Längere Pause.
Schließlich meint das Eisbärkind trotzig:
»Ist mir völlig egal – ich friere trotzdem!«

Ein Pferd guckt sich ein Pferderennen an und fragt einen Artgenossen: »Sag mal, warum laufen die denn alle so schnell?«
»Der Schnellste bekommt einen Preis.«
»Ach so! Und warum laufen die anderen?«

Entsetzt sagt der Lehrer zu Francesco, der seinen Papagei mit in die Schule gebracht hat: »Aber Francesco, hast du dem Papagei all die Schimpfwörter beigebracht?«
»Nein, ganz im Gegenteil«, meint Francesco, »ich habe ihm nur immer wieder gesagt, welche Wörter er auf keinen Fall benutzen darf.«

Was sagt ein Hase bei einem Überfall auf einen Schneemann?
Ist doch klar: »Möhre oder Föhn!«

Das Kamelkind fragt seiner Mutter Löcher in den Bauch: »Warum haben wir Höcker?«
»Als Fettreserve für die langen Wege durch die Wüste«, antwortet die Mutter.
»Und warum haben wir so lange Wimpern?«
»Damit uns bei einem Sandsturm kein Sand in die Augen weht, mein Schatz.«
»Und warum haben wir Hufe und keine Füße?«
»Damit wir sicher die Wüste durchqueren können, mein Kind«, lautet die Antwort.
Fragt das Kind: »Mama, und was machen wir dann im Zoo?«

»Charlotta, hast du schon gehört, dass Luises neuer Hund sprechen kann?«
»Ja, ja, weiß ich, meine Katze hat's mir gestern erzählt.«

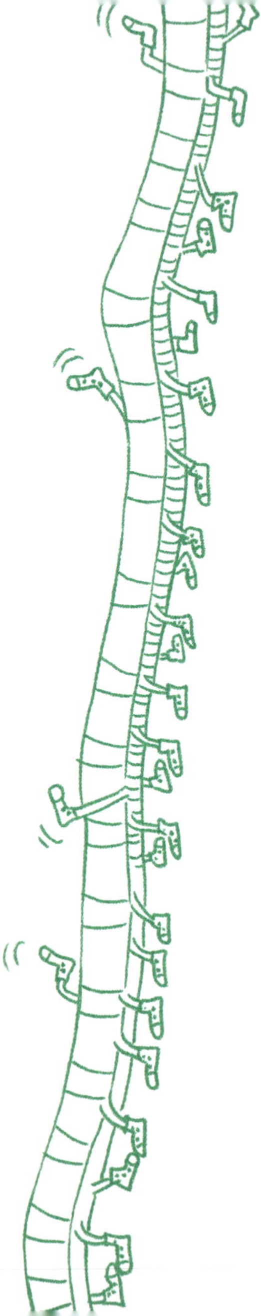

Auf der Polizeistation klingelt das Telefon. »Kommen Sie sofort. Es geht um Leben und Tod. Hier in der Wohnung ist eine Katze!«, schallt es aus dem Hörer.
Der Beamte erkundigt sich: »Wer ist denn am Apparat?«
»Der Papagei.«

Ein Känguru hüpft durch die Gegend. Plötzlich bleibt es stehen, kratzt sich am Bauch, holt sein Kind aus dem Beutel und gibt ihm eine Ohrfeige. »Hey, was soll das?«, ruft das Kind. Darauf die Mutter: »Wie oft habe ich dir schon gesagt, du sollst im Bett keinen Zwieback essen!«

»Warum legen Hühner Eier?«, fragt Luise ihre Mutter. »Na, du stellst Fragen«, meint die, »wenn sie die Eier schmeißen würden, gingen die doch kaputt.«

Pudel Elvis ist allein zu Haus. Das Telefon klingelt. Elvis geht ran und bellt »Wau« in den Hörer. »Wie bitte?«, fragt der Anrufer erstaunt. Elvis verdreht die Augen: »W wie Wilhelm, A wie Anton und U wie Ulrich.«

Siham geht mit ihrem Hund in die Uhrwerkstatt. »Bitte, können Sie meinen Hund reparieren?«
»Tja«, sagt der Uhrmacher zögernd, »ich bin ja Uhrmacher und kein Tierarzt, was fehlt ihm denn?«
Sagt Siham: »Er bleibt alle fünf Minuten stehen.«

Im Zoo: »Was wohl der Tiger sagen würde, wenn er sprechen könnte?«
»Ich bin ein Leopard, du Vollidiot ...«

»Was ist das: Es macht 999-mal klipp und einmal klapp?«
»Keine Ahnung.«
»Ein Tausendfüßler
mit einem Holzbein.«

Im Lokal springt der kleine Hund immer am Bein des Gastes hoch. »Beißt Ihr Hund?«, fragt der Gast ängstlich den Wirt?
»Nein, der beißt nicht«, antwortet der freundlich.
Daraufhin streichelt der Gast den Hund, der ihm sofort fest in die Hand beißt.
»Sie haben doch gesagt, Ihr Hund beißt nicht!«, beschwert sich der Gast beim Wirt.
Antwortet der Wirt: »Aber das ist nicht mein Hund.«

Warum haben Bienen einen Stachel?

Damit sie den Honig umrühren können!

Was sieht aus wie ein weißes Pferd, ist aber keins?

Ein Zebra, das seinen Schlafanzug in der Reinigung hat.

Kommt ein Frosch in einen Milchladen. Fragt die Bedienung: »Na, Kleiner, was möchtest du denn?« »Quaak!«

»Und, wie ist dein neuer Hund so?«
»Der ist echt super. Jeden Morgen um 7 Uhr bringt er mir die Zeitung rein. Und das, obwohl ich gar keine abonniert habe!«

Zwei Kühe sägen Holz. Plötzlich fliegt ein Pferd über sie hinweg, dann noch zwei und dann wieder eins.
»Hier muss irgendwo ein Nest sein«, meint die eine Kuh. Darauf die andere: »Nein, die fliegen nach Süden, das sind Zugpferde ...«

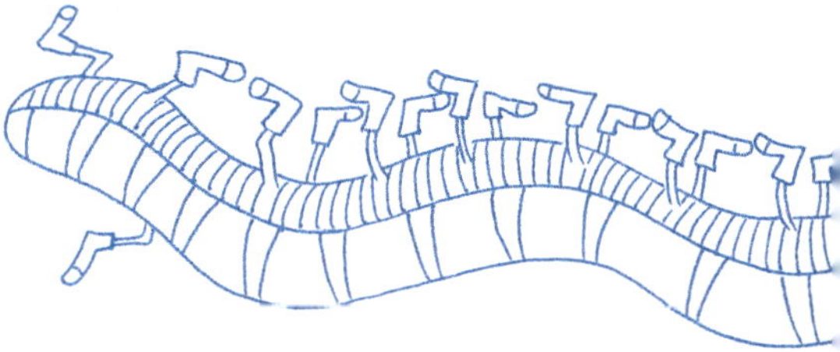

»Hannah, was ist der Unterschied zwischen Indischen und Afrikanischen Elefanten?«
»Ich glaube, sie haben unterschiedliche Postleitzahlen.«

Flamur und Tim unterhalten sich über ihre Hunde. Sagt Tim stolz: »Mein Elvis kann mit der Pfote die Tür aufmachen.«
»Was soll daran toll sein?«, fragt Flamur, »meine Asta hat ihren eigenen Haustürschlüssel.«

Zwei Känguru-Damen treffen sich. Fragt die eine verwundert: »Warum trägst du in deinem Beutel denn ein Dromedar-Baby?«
»Ach«, sagt die andere, »ich verdiene mir ein bisschen was als Babysitter dazu.«

»Goldfisch ist mein Name,
ich möchte ein Hotelzimmer
für Montag bestellen!«
»Mit Badewanne?«
»Frechheit, ich heiße nur so.«

Zwei Spinnen treffen sich und berichten sich das Neueste über die Spinnenverwandtschaft:
»Hast du schon gehört: Die Tekla ist an Unterernährung gestorben!«, sagt die eine.
»Wie schrecklich«, meint die andere, »wie konnte das denn passieren?«
»Na, du kennst doch Tekla, die konnte einfach keiner Fliege was zuleide tun.«

Ein Pfarrer läuft durch den Dschungel und sieht sich plötzlich einem hungrigen Tiger gegenüber. Sicher, dass sein letztes Stündchen geschlagen hat, fällt er auf die Knie und betet. Verwundert sieht er, dass auch der Tiger auf die Knie fällt und betet. Gerade will sich der Pfarrer erleichtert davonschleichen, als er den Tiger murmeln hört: »Komm, Herr Jesus, sei unser Gast, und segne, was du uns bescheret hast.«

Die Mutter erklärt Flamur: »Ein Pferd fohlt, die Kuh kalbt und so weiter.« Fragt Flamur: »Und wann eiert unser Vogel?«

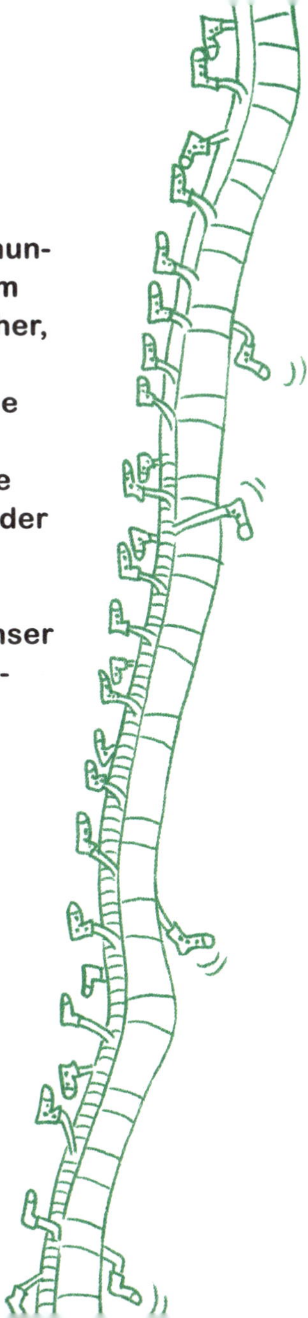

»Wo fehlt's denn?«, fragt die Tierärztin Ida, die in ihre Praxis kommt und auf deren Kopf sich ein ausgewachsener Frosch festklammert. »Mir geht's gut«, entgegnet Ida, »aber fragen Sie bitte den da oben. Er wollte unbedingt zu Ihnen.«
»Schluss jetzt mit dem Gequatsche«, fährt der Frosch die Ärztin an. »Sehen Sie nicht, dass ich mir das Mädchen in den Fuß getreten habe? Und Sie reden, reden und reden …«

In Afrika unterhalten sich zwei Strauße. Der eine fragt den anderen: »Warum stecken wir eigentlich immer unsere Köpfe in den Sand?« »Ich weiß nicht, warum die anderen es tun, aber ich suche nach Öl.«

Im Zoo. »Janina, geh nicht so nah ran an die Eisbären. Du bist ja sowieso schon erkältet!«

Ein Nachbar schaut sich die Hundebabys Minni und Maxi an.
»Wie süß!«, meint er, »aber wie um Himmels willen halten Sie die beiden denn auseinander, die gleichen sich ja wie ein Ei dem anderen.«
»Also, Minni erkenne ich eigentlich immer, nur bei Maxi habe ich manchmal so meine Schwierigkeiten.«

»Ihre Katze hat meinen Rottweiler umgebracht.«
»Wie bitte?«
»Ihre Katze hat meinen Rottweiler umgebracht.«
»Mein kleines Kätzchen? Wie soll es das denn gemacht haben?«
»Er ist daran erstickt.«

Frau Baumanns erzählt: »Ich wollte meinen Hund erziehen. Er sollte bellen, wenn er fressen will. Hundertmal habe ich es ihm vorgemacht.«
»Ja und? Bellt er jetzt, wenn er fressen will?«
»Nein, aber er frisst nur, wenn ich belle!«

Zwei Verkäufer geben an. Sagt der eine: »Ich habe vor Kurzem einer Frau eine Waschmaschine verkauft, dabei hatte die gar keinen Stromanschluss!«
»Ha, das ist gar nichts!«, gibt der andere an. »Ich habe einem Mann eine Kuckucksuhr angedreht und ihm dazu zehn Pakete Vogelfutter verkauft!«

Der niedergeschlagene Zirkusdirektor ruft alle Artisten zusammen, um ihnen zu verkünden, dass Rico, der motorradfahrende Bär, ausgerückt ist.
»Wir haben unsere größte Attraktion verloren«, klagt er. Die Seiltänzerin meint tröstend: »Ach, der wird bestimmt bald wieder eingefangen.«
»Glaube ich kaum«, entgegnet der Direktor, »er hat das Motorrad mitgenommen.«

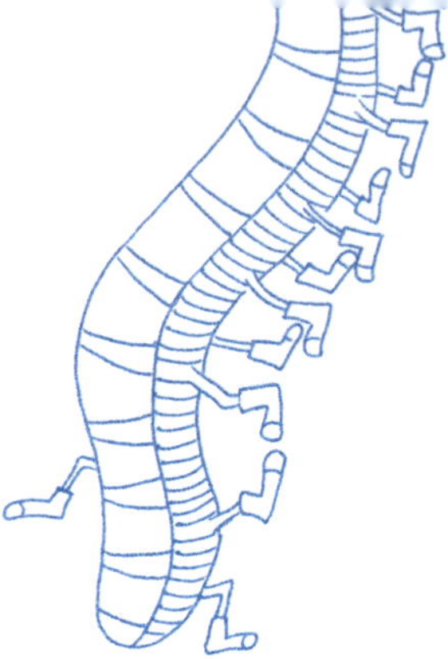

Jonas spielt Schach mit seinem Hund.
Nabila tritt hinzu: »Du hast aber einen klugen Hund.«
»Wieso, er verliert doch immer.«

Der Kameramann vom Fernsehen hat große Angst, den Tigerkäfig für die Aufnahmen zu betreten. »Seien Sie unbesorgt«, meint der Tierpfleger, »ich habe die drei mit der Flasche aufgezogen.«
Der Kameramann bleibt skeptisch:
»Das hat meine Mutter mit mir auch gemacht, aber trotzdem sind Schnitzel heute mein Lieblingsessen.«

Wie erfährt man das Alter eines Sibirischen Tigers?

Man zählt die Kerzen auf seiner Geburtstagstorte.

Eine Schildkröte und eine Kröte treffen sich am Tümpel. »Hau ab hier«, meint die Schildkröte sauer, »hier ist doch kein FKK-Strand.«

Welchen Spruch hören Haie am liebsten?

Mann über Bord!

Das Oberhaupt der Flachlandgorilla-Familie ruft den Clan zusammen: »Leute, es sind wieder zwei Wochen Folklore angesagt. Ein Forscherteam ist auf dem Weg zu uns.«

Herr Kröger will seine Kollegin mit seinem Ferienabenteuer beeindrucken:
»Da spaziere ich also ganz harmlos durch die Wüste, als auf einmal ein gewaltiges Nashorn auf mich zugaloppiert. Ich drehe mich um und renne und renne, das Nashorn immer hinterher. Gerade als mir die Puste auszugehen droht, sehe ich einen Baum. Ich also nichts wie rauf auf den Baum.«
Unterbricht ihn die Kollegin:
»Also, Sie veräppeln mich doch, wie kommt denn ein Baum mitten in die Wüste?«
Antwortet Herr Kröger: »Also, das war mir in diesem Moment wirklich total egal!«

Ein Bauer besucht seinen wenig gesprächigen Kollegen: »Sag mal, was hast du eigentlich neulich deiner Kuh gegeben, als die so krank war?«
»Geschirrspülmittel«, antwortet der.
Eine Woche später kommt der Bauer wieder zu seinem Kollegen und beschwert sich:
»Meine Kuh ist gestorben, nachdem ich ihr das Geschirrspülmittel gegeben habe.«
»Ja«, antwortet der andere, »meine damals auch.«

»Angeklagter, geben Sie zu, die neun Schweine von Bauer Jakobs gestohlen zu haben?«
»Nein«, entgegnet der Angeklagte entrüstet, »gestohlen habe ich nur die Muttersau. Die Ferkel sind einfach hinterhergelaufen.«

Ein Forscher möchte herausfinden, wie intelligent Ratten sind. Er stellt ihnen eine Aufgabe: Sie bekommen erst Futter, wenn sie auf einen kleinen Knopf drücken, der im Käfig angebracht ist. Nach drei Tagen klappt es. Sagt die eine Ratte zur anderen: »Hast du das gesehen? Den Menschen haben wir ja prima dressiert, wenn wir klingeln, bringt er uns Futter.«

Was liegt am Strand und spricht undeutlich?

Eine Nuschel

Als es im Elefantengehege im Zoo einen Riesenknall gibt, sind alle schrecklich aufgeregt. Alle bis auf den Tierpfleger. Der geht zum Elefanten hin und schimpft: »Hey, wir haben doch schon tausendmal besprochen, dass du beim Kaugummikauen die Blasen nicht platzen lassen darfst!«

Das Pferderennen ist zu Ende. Das letzte Pferd überquert die Ziellinie. Wutentbrannt wendet sich der Pferdebesitzer dem Jockey zu und sagt: »Sie hätten ja auch etwas früher im Ziel sein können.«
Darauf der Jockey: »Ich weiß, aber ich musste ja leider beim Pferd bleiben.«

Text: Ute Löwenberg
Illustration: Julia Weinmann
Herstellung: Angelika Schön

ISBN 978-3-8458-5913-2

www.arsedition.de

MIX
Papier | Fördert gute Waldnutzung
FSC® C018236
FSC www.fsc.org